Margot Weinand

AF205898

Zeitwert

Gedichte gereimt und ungereimt

Impressum
1.Auflage
Mai 2011
Alle Texte und Fotos Margot Weinand
Herstellung und Verlag:
BoD- Books on Demand, Norderstedt
Printed in Germany,
ISBN 9783748109952

Inhaltsverzeichnis

Vorwort

Dieser Gedichtsband
ist eine Zusammenfassung
vieler Gedanken
der Vergangenheit
der Gegenwart
und der Zukunft
darüber nachzudenken
hat mir viel Freude bereitet.
Ich wünsche Ihnen die gleiche
Freude beim Lesen

Mein Lebenslauf

Als ich sechs war kam ich in die Schule wir
hatten Krieg als ich acht war kamen meine
Geschwister und ich zur
Kinderlandverschickung ins Allgäu als ich elf
war wurde die Familie evakuiert nach Baden
Württemberg als ich 14 war fuhr ich Hamstern
quer durch Deutschland als ich 16 war ging ich
in die Lehre es war die Zeit der
Währungsreform als ich 27 war bauten sie die
Mauer mit 31 Jahren heiratete ich als ich 40
war wurden ich nach einer erweiterten
Ausbildung in die Jugendhilfe berufen als ich
66 war wurde ich Ruheständlerin heute lacht
das Glück ich erlebe meinen Ruhestand auf der
Schwäbischen Alb und nutze die Zeit
Gedichte zu schreiben

Kitt für ihre Seele

Ein Schrei dann still
grausam laut und schrill
kaum jemand der half
zu wissen wem galt`s
die Scherben zerschnitten
es war nichts zu kitten
die Seele zugedeckt
dabei noch gut versteckt
die Narben sie bleiben
will niemanden zeigen

Blei

du bist das Meer
in das ich untertauch
um dir Herzen aus Blei
zu schicken

Lebenslauf

Das Leben es läuft an ihr vorbei
es häuft sich auch mancherlei
sie denkt an Freunde ihrer Jugend
die bekannt für ihre Tugend,
manche die es auch geschafft
und sogar aus eigener Kraft;
aus Lachen wurde Lächeln
aus der Kraft kamen später die Schwächen
Tränen rollen langsamer
über das faltige Gesicht
noch ist sie mittendrin

Schneeflocke

„Lieber Wind trage mich weit
fort wo es nicht so Viele sind"
der Wind trug sie fort
an einen stillen Ort
wo es nicht Viele war`n
der Sonne ganz nah

Haiku

Die große rote Rose
die als Zeichen der Liebe
an Dornen festhielt

Zeitwert

Gewaschen die Stunden
alle Tage aller Zeit
nichts wurde hell nichts blank
nahm es nicht leicht?
gab alles auf!
jetzt hat jede Stunde ihren Glanz

Meeresrauschen

In meiner Hand die Muschel
höre Meeresrauschen
danke, dass du mich an
deinem Urlaub
teilhaben lässt

Adlerleben

Wie ein Adler möchte ich fliegen
loszulassen nie verbiegen
frei um dann zu träumen
dabei nichts mehr zu versäumen
wenn ein Adler zieht die Runde
weil die Freiheit er gefunden

Unsere Welt

Rieche den Himmel
höre die Wolken
fühle das Wasser
schmecke die Liebe
die Welt ist schön

Ähnlichkeit zum Lebenslauf

Keines gleicht dem andern
liegt der Kompost beieinander
alles kommt aus einer Wurzel
die öfters durcheinander purzeln
Frucht die längst verblüht
Knospe die nichts fühlt
Blätter mittlerweile welk
Blumen kosteten viel Geld
rostig wirkt das welke Laub
Ähnlichkeit zum Lebenslauf

Am Tresen

Steht am Tresen und ist froh
gelalltes Wort vom Alkohol
will nach Haus, doch das ist leer
alleine sein das fällt ihm schwer
er spielt weiter nur zum Schein
will in der Rolle glücklich sein
es ist wie es ist alles ist nichtig
für ihn allein ist alles richtig
es bleibt wie es ist
um die Zeit um die Frist
selbst einzugestehen
nie am Tresen froh gewesen

Im alten Baum

Kinder hatten ihn entdeckt
ausgehöhlt zu ihrem Zweck
stand er dann am Feldes Rand
wo er kaum noch Rasen fand
Frucht als Höhle klein und fein
Kinderfreundlichkeit zu sein
immer noch erfüllt der Baum
einen alten Kindheitstraum

Lachende Sonne

Saß auf dem Balkon
Sonne blinzelte mir zu
dass ihre Zeit für diesen Tag
vorbei scheint

Alle dachten

Meine Tränen seien Freudentränen,
doch es ist die Trauer die mich lähmt
Alle dachten ich schweige
weil ich nichts zu sagen weiß
während in mir
sich alles um dich kreist
Alle dachten ich würde dich meiden,
dir nicht vertrauen
während ich allein auf unsere Liebe schaue
Alle dachten ich würde gehen
die Liebe sei zu ende
während ich suche
alleine deine Hände
Alle dachten
ich aber liebe dich

Abendrot

Der Himmel er scheint purpurrot
die Sonne schafft das Abendrot
denn ihr Licht gibt tiefe Strahlen
schon seit vielen tausend
Jahren
die Augen suchen ihr Gesicht
finde Gedanken zu einem Gedicht
Wünsche gutes Wetter für morgen
dafür wird die Sonne dann sorgen

Du bist

Du bist die Rose die ich pflege
die Wurzel in meinem Herzen
der Sand unter meinen Füssen
du bist mir alles
du bist aber oft nicht da
dann warte ich still
und igel mich ein

Illusion

Will leise zarte Gräser malen
damit Stimmungen
einfangen und festhalten

Trauriger Blick

Dein trauriger Blick
auf der Landkarte
deines Lebens
ich will sie lesen

Zeitungsleser

Politischer Teil ist nicht interessant
nach Wahlversprechen wurde erkannt
dass sie wieder nichts halten konnten
weil kein Geld auf ihren Konten
er liest, doch weil er es nichts ändern kann
zieht ihn die Info nicht in Bann
das was in der Stadt passiert
es ist das, was ihn auch
weiterhin interessiert

Auf dem Nachttisch

Wollte Träume feste halten
in denen ich mich selbst entfalte
erschreckt wachte ich dann auf
doch die Deutung sie ist aus
das Buch es fiel mir leider zu
müde Augen finden Ruh
schreiben ist ein schöner Brauch
schönes Lesen aber auch

Schlaflose Nacht

Höre den Regen vom Dach
in die Dachrinne plätschern
will die Tropfen zählen
es gelingt mir nicht
höre die Uhr schlagen
am Himmel helle Streifen
der Morgen hat
den Schlaf eingeholt

Meine Gedanken

Meine Gedanken sind bei dir
Denke an dein Lachen
das mich ansteckt
an deine Augen die mir
zeigen
dass du mir vertraust
deine Hände die mich halten
sind mir wie ein milder
Sommerwind
fange Sonnenstrahlen
mit der Hand
möchte sie dir zu werfen
ohne dich ist alles so leer
mir fehlt deine Zärtlichkeit
die manchmal uns erreicht

Sternstunden

Es sind Sternstunden
die im Lauf des Lebens
unvergessen bleiben
ich sammle sie
es sind mehr als ich gedacht

Korn

Ein Korn von niemandem bemerkt
vom Wind dahin geweht
fest am Straßenrand
es nur harte Erde fand
keinen Mutterboden
einsam nah dem Tode
treibt die Wurzel neues Leben
Halt für Ähren soll es geben
Gefühle oft wie dieses Korn
einsamer Weg hin zum Zorn
denke das Leben in ihm steckt
Freude und Kraft in ihm weckt
dieses Korn erkannte den Sinn
geschenkte Knoten die halten
kann sich voll entfalten

Lebe im Glück

Sie glaubte an das Glück
die Tage und Nächte
plätscherten dahin
sie wartete mal mehr
mal weniger
es schien die Zeit verloren
sie wartete auf das Glück
sie empfand es mal mehr
mal weniger
das Glück es war da
wie immer es war in ihr
leise und still mal mehr
dankbar erlebt sie
Glück in ihrem Leben

Zeit

Auf Erden wirkt alles zu seiner Zeit
Stunden bis zur Ewigkeit
sie uns in Jahren gegeben
damit wir messbare Stunde erleben
man weiß um Vergänglichkeit
ob Ruhe für uns selbst noch verbleibt
ewige Freude und ewiger Schmerz
könnt nicht verkraften das menschliche Herz

Wenn uns Zeit bleibt

Hat die Zeit uns oder haben wir die Zeit
das recht zu bewerten uns verbleibt
sie ist wie der See im Morgenglanz
auch wie das Meer im tollen Tanz
Sie ist nicht zu halten das tut uns leid
so ist es immer mit unserer Zeit
sie geht zu langsam wenn wir in Not
prägt unser Leben bis hin zum Tod

Blühender Straßenrand

Der Wind weht vorbei
Rapssamen mancherlei
am harten Straßenrand
er keine Erde fand
Vom Wind hergebracht
auf die Wiese bei Nacht
das bei guter Erde
zur Frucht dann werde
die Sonne danach
durchbrach mit dem Schlag
damit Freude entsteht
über blühendem Weg

Herbst

Graue Wolken tiefe Strahlen
bunte Blätter sie bemalen
zum Süden die Vögel ziehen
Regenwochen zu entfliehen
das Abschiedslied leise erklingt
danach dann eine lange Pause winkt

Ballonfahrt

Sie hatten sich den Wunsch erfüllt
wo heiße Luft wird abgekühlt
Wiesen und Felder am Niederrhein
Zelte in Gruppen und auch allein
auch die Pappeln mit ihren Zweigen
berührten Wasser und auch Steine
Wälder säumten Orte und Straßen
blauer Himmel über die Maßen
Auf großer Koppel grasten Pferde
wunderbar und sagenhaft
es war für sie ein Ehrentag
hoch oben erlebten sie die Stille
selbst dann noch, als unten
noch Menschen grillten

Augen wandern

Augen wandern zum grünen Rasen
Rote Blätter vom Wind geblasen
kleines Vöglein mit dem großen Sprung
hat im Schnabel einen langen Wurm
Schwarzer Vogel auf der Wiese pickt
ein großes Korn mit schwerem Gewicht
Vogelwelt heiliges Durcheinander
in meiner Freude die Augen durchwandern

Begleitung

Hast in vielen Zeiten mich begleitet
um mir Freude zu bereiten
niemals ohne dich zu sein
niemals wieder ganz allein
dennoch liebe ich die Stille
weil es bleibt der Lebenswille

Zu jeder Stunde

Standuhr schlägt zu jeder Stunde
Schlaf und Träume manchen Runde
Habe mich daran gewöhnt
Jede Nacht wird mir verschönt
Stille liegt bei mir dann brach
warte auf den Glockenschlag

Bunter Abschied

Herbst nimmt Abschied
das wahrzunehmen ich vermied
mit ausglühenden Tageszeiten
Sonne blieb mit Nettigkeiten
erlebte in goldenen Farben den Herbst
dazu in leuchtenden Farben gegerbt
Farben aller guten Weine
trinken gern in der Gemeinde
Vögel sind dann ausgeflogen
dem Winter schien es ausgewogen
nicht lange kalt und weiß
der Winter hat uns dann erreicht

Lebenskreislauf

Das Leben ist ein ewiger Kreis
schöne Kindheit wie man weiß
wird oft nicht richtig wahr genommen
bis zur Schule ist gekommen
in der Schule ganz schnelle
weiter zur richtigen Stelle
die Jugend ist viel zu schnell vorbei
und danach so mancherlei
erlebt die Freiheit für Geist und Sinn
damit die Schönheit Raum gewinnt
Liebe trifft dann viele Jahre das sind die
schönsten Sonnentage
mit der Ehe man im Hafen mündet
dazu kommt dass man Familie gründet
Eltern zu werden das heißt Glück
vom lebenslangen Weg ein Stück
Trauer die fest eingebunden
Tränen für die Seelen Wunden
das Haar wird silbern und licht
manch ein Traum zerbricht
Erlebnisse für gut empfunden
Lieder die niemals gesungen
man bleibt still und denkt zurück
Es war doch schön, das war mein Glück

Herbstfarben

Die Farben der Natur schenkt das Erscheinen
wenn sich die Früchte in Farben vereinen
der Tag dann mit Dank und Freude blendet
und sich das ganze Jahr in der Ernte vollendet
wandern über Stoppeln fällt schwer das Gehen
weil die Kraft aus der Erde in Halmen bestehen
wenn der Sonnenstrahl sich darüber streckt
und der weiche Rasen vom Tau bedeckt
die Winzerstube will den holden
Tag dazu dann auch vergolden

Buntes Leben

Bunt ist das Leben
das uns gegeben
Blätter und Blumen
mit vollem Volumen
will schreiben lassen
den Sinn erfassen
bunt ist das Leben
wir lieben es eben

Das Blatt

Ein Blatt vom Baum
man fasst es kaum
es klebt am Fenster
denkt an Gespenster
vom Baum ein Blatt
das der Wind geschafft

Am Bach

Sie geht am Bach entlang
steckt dort ab den Rand
spricht nur mit sich selbst
was sie hat sich vorgestellt
lebt allein in einer Stadt
fremd und dann noch unbewacht
wirkt dabei erschrocken
ihr Mund bleibt oftmals trocken

Dampf ablassen

Sie saß und schrieb in vielen Stunden
sie hat die Zeit sehr lang empfunden
doch der Rechner war dann aus
Sie stürzte eilend aus dem Haus
musste einfach Dampf ablassen
schrieb dann weiter ganz gelassen

Das Leben

Das Leben ist, wie es in sich Selbst
es hat genug auch ohne Geld
kann selbst sich leben ohne mich
es geht vorbei es braucht mich nicht
es nützt die Stunde Jahr und Tag
das Leben mir gegeben ward

Liebe entstand

Foto zeigt ihr Tag für Tag
bleibt für sie die Gegenwart
einmal einst Liebe entstand
ihr Leben damit verband

Das Wort

Das gegebene Wort es bleibt
ohne Wechsel durch die Zeit
der helle Glanz der Sterne
über die Gipfel der Berge
gespannt das Himmelszelt
all umfassend über die Welt

Duft

Merken wir das überhaupt
Jede Blume jeder Baum
jeder Weg hat seinen Duft
ein Blinder kennt an der Luft Jahreszeiten
die er muss allein durchschreiten

Durch und durch

Fühle den Wind in meinem Haar
wie Musik leise doch ganz nah
einiges spürte ich noch mehr
Schmeicheln der Seele ich begehr
das alles stärkt mich durch und durch
fühl mich sicher in der Spur

Stilles Wasser

Am fließenden Rheinstrom
mit seinen stillgelegten Armen
komme ich zur Ruhe

Epoche

Möchte die Zeit erkennen
darüber das Thema nennen
die Gefühle zu spüren
dazu leichte Schwüre
was bei Tag und Nacht
mit Sorge gemacht
am Ende mit Freuden
erkannte viel Neues

Mein Herzensmann

Habe lang nicht mehr gelacht
warum nur habe ich gedacht
ich war glücklich und froh
weil er in die Ferne zog
fühlte mich froh und noch frei
ich wollte nicht lachen allein
weinen das hätte ich können
der Stolz wollte´s nicht gönnen
ich müsste es verschweigen
dass ich Liebesglücke beneide
habe mir ein Schloss gebaut
in die weite Welt geschaut
dass sich verirrt mein Herzensmann
mit dem ich wieder lachen kann

Meeres Reisen

Meereswellen die mich tragen
Habe alle Angst begraben
ist herrlich erlebe den Traum
der Freude die mich erbaut
die Zeit wird mir endlos lang
Meer zieht mich in seinen Bann
jetzt ist es Zeit ich will zurück
der Traum ist aus das ist mein Glück

Wunsch Erfüllung

Auf Meeresgrund Korallen
Wünsche die jedem gefallen
sie werden mehr und   mehr
wenn der Platz dann leer
hat sich ein Wunsch erfüllt
mein Leben mit Erfüllung umhüllt

Neu in unserer Stadt

Ein Eichhörnchen sitzt
zwischen zwei Autos
es ist neu in unserer Stadt
schaut nach links
schaut nach rechts
wartet und rennt
springt von Ast zu Ast
es liebt die Menschen
sucht ihre Nähe
wer hätte das jemals
gedacht

Tagesglück

Die Nacht dauert lange
oft wird mir bange
der Morgen weckt den Geist
mit Kaffee zur Gemütlichkeit
danach lesen und schreiben
Gedichte in reimen
Abend wird angenommen
habe viel Kraft gewonnen

Gedanken der Schöpfung

Gott hat es uns geschenkt
in Liebe unsere Augen gelenkt
hin zu den Bergen die den Himmel berühren
in Meereswellen ruhen Treueschwüre
Quelle sprudelt hell und klar
der Fluss nimmt diese Klarheit wahr
Sonne Mond und Sterne
leuchten aus weiter Ferne
wir Menschen des Schöpfers Kronen
dürfen auf der Erde wohnen
mit allem was Gott uns gegeben
will er dass wir schützen unser Leben

Schein der Sterne

Sterne immer nur die Erde bescheinen
fallen nicht zu deinen Füssen
willst du den Sternen näher sein
wirf eine Handvoll Wünsche ihnen empor

Übungsfeld

will in die Zukunft springen
die Erinnerung überholt mich
sie schwächt mich mehr als
ich gedacht
manchmal gelingt das Heute

Schicksal

Als ich endlich bereit war
über meinen Schatten
zu springen
hatte ich kein Glück
die ganze Sache brach mir
den Hals

Weißt du?

dass du mein Leben bist
dass ich dein Leben in mir erkenne
dass ich ohne dich nur ein
halbes Leben bin?
Ich fühle dass du es weißt

Ode an die Arbeit

Liebe meine Arbeit, sie ist wunderbar
nichts was wäre austauschbar
wo Arbeit fehlt ist alles sinnlos
die Zeit erscheint mir wertlos
eine Stunde Arbeit schenkt Freude
eine Stunde die ich nie bereue
dauert die Stunde zu lang
wird mir mit der Zeit bang
Arbeit ein guter Zeitvertreib
ist überschaubar und bleibt
Arbeit macht Spaß ich liebe sie
habe eine Ode geschafft fragt nicht wie?

Schauspiel

Grau gespannt der Himmel
Blitze trennen Wolken
höre Donner
Regen wie aus Eimern
fahre mit dem Auto durch
das Naturschauspiel
bin sicher und trocken

Lächeln

Tränen beschweren
das Herz
die später die Seele reinigen
bis zum Lächeln
dauert es länger

Angst (ein Loblied der Angst)

Wage ich Neues bist du da
aus Gewohnheit weil es so war
als Gefühl von finsterer Gestalt
nimmst du mit oft den Halt
bedrängend erscheinst du mir
meine Aufmerksamkeit gilt dir
unfähig dir zu sagen
wirst du mich wieder fragen
Dich spüren jetzt kann ich begreifen
um an Zukunft an dir zu reifen
du bist ein unendlicher Begleiter
nur gemeinsam kommen wir weiter

Angst

Versuche nicht die Angst
zu verdrängen
sie wird sich wehren
dich überholen
und vor dir stehen
bekenne dich zu ihr
dann wird sie dich verlassen

Wolkenbilder

Liege in tiefem Gras
sehe ziehenden Wolken nach
lese Bilder die sie gemalt
und durch den Hauch des Windes sich galant
verändert
schließt meine Augen
und höre eine Melodie

Wasserfall

Wasser peitscht an den Felsen
Hand in Hand gehen sie die
steile Treppe hinauf
halten sich am Geländer fest
sie reden miteinander
der Wind und das Wasser
wehen die Worte weg
Worte die nie ankommen

Am Ufer

Gehen beide am Ufer entlang
untergehende Sonne tief sank
versteckt hinter Wolken
weil der Mond es so wollte
plätschernde Wellen über den Weg
gehen nach Hause über den Steg

Berge voll Trauben

Berge voller Traubenpracht
mein Herz dankt und lacht
wir haben im Tal getrunken
Tanz und Freude gesunken

Augenblick und Ewigkeit

Wer von der Ewigkeit spricht
kennt sie nicht
genau wie die Unsterblichkeit
bleibt uns fremd die Ewigkeit
für uns gilt es als richtig
Lebens Augenblick ist wichtig

Sommerabend

Still beim Sonnenuntergang
Verbringen sie stundenlang
sehen eine Sternenschnuppe
denke an Schreibstilgruppe
habe auch diesmal einen Wunsch
Still zu bleiben keine Kunst

Leise und still

Kein Wind weht im Baum
Luft liegt im Traum
Wind hat seinen Atem
eine Zeit lang still gehalten
in der Nähe Vögel zwitschern
ihr Gelände für sich sichern
im Einklang ihrer Herzen
ihre Freude dann zu scherzen

Neue Wege

Will neue Wege mit dir gehen
vieles dann entdecken
dir täglich in die Augen sehen
vor Freude mich erschrecken

Meine Zeit mein Traum

Will allein sein und träumen
ankommen nicht versäumen
habe meine Rolle abgelegt
geschafft den weiten Weg
darf „Ich" sein werde müde
die Uhr schlägt es wird trübe
die Uhr sie schlug wie oft?
nicht gezählt doch gehofft

Nebel

Nebel hüllt mich früher ein
sollt mir Schutz der Seele sein
doch er war mir oft zu schwer
wenn er aufstieg war er leer
zur Freude kam die neue Zeit
die bis heute im Nebel reicht Nebel

Herbstblätter

Raschelnd Blätter fallen
ihre Kraft sie ist entgangen
auf der Erde bis zum Winter
unterm Schnee da bleibt es finster

Vorbei

Vorbei, ich es nicht fasse
den Gedanken ich dann lasse
warum ist unsere Zeit vorbei
weil die Liebe brach entzwei
die Insel uns nicht mehr gehört
was einst geliebt ist jetzt zerstört

Liebe

Sie sagt „ich liebe dich"
gelangweilt schaut er
an ihr vorbei
ihr Herz schließt sich
für immer.

Mit Witz und Geist

Sie schreibt ein Gedicht mit Witz und Geist
einen Limerick oder wie das so heisst
ein Blatt Papier auch drei oder auch vier
schreiben mit Witz und Geist
dafür braucht sie Zeit das reicht

Ewige Liebe

Ewige Treue ewige Liebe
Sie wünschte dass es immer so bliebe,
er lebte aus, hart die Gewalt
ihre Seele litt doch sehr bald
fast wäre sie daran erstickt
ihre Flucht die war geschickt
die Lüge blieb weiter stehen
sie wollte ihn nie mehr sehen
sie ist zwar einsam aber allein
ihre Seele lebt denn sie ist frei

Es ist so

der Regentropfen
der zerspringt
der Wind
der dir von Liebe singt

die Sonne
die dir lacht
der Stern
der leuchtet in der Nacht

Bereits veröffentlicht in Anthologien

Wort und Mensch Verlag
Ich über mich
Gott ich rede mit Dir
Kinder sind unser Leben

Edition Wendepunkt
Glaube Hoffnung Liebe
Rund ums Jahr
Ich liebe dich
Jeder Tag ist ein Geschenk
Sternstunden und andere
Die Kriegsgeneration

1933 in Essen geboren
Kaufmännische Ausbildung
Kaufmännische Handelsschule
Tätig im Groß-&Einzelhandel
1958 Selbstständig im
Spiel- & Schreibwarengeschäft
1965 geheiratet
1970 pädagogische Ausbildung
1972 Berufung in die Jugendhilfe
1986 Heimleiterin
1999 Ruhestand
2012 Verwitwet

zwei verheiratete Kinder
drei Enkelkinder
seit dem Ruhestand schreibe ich
Gedichte des Alltags.
und Kurzgeschichten
Mitglied des Autorenkreises Neukirchen-Vluyn
lebe seit Dezember 2014 auf der
Schwäbischen Alb

Margot Weinand

BoD Verlag

von Fall zu Fall
Heimleiterin erzählt
Gedichtsband
Alles hat seine Zeit
Höre den Frühling
Gelebter Glaube
Autobiographie
Stöbern im Schatz der Erinnerungen